BORIS TZAPRENKO

Le Spécisme
Qu'est ce que c'est ?

Copyright © 2017 Boris TZAPRENKO
Tous droits réservés
(003080122)

Édition : BoD – Books on Demand,
12/14 rond-point des Champs-Élysées, 75008 Paris
Impression : BoD - Books on Demand, Norderstedt, Allemagne
ISBN : 978-2-322-41064-4
Dépôt légal : janvier 2022

Table des matières

VERSION SIMPLE..9

VERSION DÉVELOPPÉE.......................13
   Spécisme recto, l'espèce élue............................14
   Spécisme verso, nos chouchous..........................18
   Le spécisme dans notre langue..........................19
   Sois mignon ou crève !......................................20
   Antispécisme...21
   Petite histoire spéciste et schizophrène..............23

Index...29

Illustration de couverture de
Pawel Kuczynski,
que je remercie chaleureusement de m'avoir
accordé l'autorisation d'utiliser cette œuvre.

VERSION SIMPLE

1) Le spécisme c'est l'idée suivante :
Les êtres humains sont tellement supérieurs à tous les autres animaux que l'on peut radicalement diviser les vivants en deux parties : nous, presque des dieux, et les autres, quasiment des objets. Nous sommes si grands que comparativement à nous, il n'y a aucune différence notable entre un grand singe et un pou. Oubliant que nous en sommes aussi, nous fourrons tous les autres dans un même sac ; celui de la catégorie : « animaux ».

2) Le spécisme c'est aussi d'avoir des chouchous :
• On a martyrisé un chat ou un chien :
— Salauds ! Faut leur faire la même chose ! C'est révoltant ! La prison ! À mort !

• On arrache un agneau à sa mère pour l'égorger et l'ingérer :

— C'est trop bon, l'agneau !

• On torture des canards ou des oies pour dévorer leur gros foie malade :

— Lol ! C'est bon le foie gras.

Pour résumer :

• Si on tue un chien ou un chat, on est un psychopathe.

• Si on tue un agneau, un veau, un cochon, un mouton… on est tout à fait normal, puisque c'est même un métier.

• Si on ne veut rien tuer, on est un extrémiste.

L'antispécisme consiste à réviser ces deux conceptions.

1) Il n'y a pas de différence aussi radicale entre les êtres humains et les autres animaux. Car nous sommes aussi des animaux. Nous ne sommes pas des dieux éthérés par rapport à eux. Nous sommes comme eux de la chair et des os, nous faisons pipi et caca comme eux…

2) Il n'est pas juste de discriminer sur le critère de l'espèce.

Non, l'antispécisme ne prétend pas que la vie d'un pou et la vie d'un être humain ont la même valeur.

Non, l'antispécisme n'envisage pas de donner le droit de vote aux limaces et le permis de conduire aux girafes.

Non, l'antispécisme ne recommande pas de se laisser sucer le sang par les moustiques.

L'antispécisme prétend seulement que tous les animaux ont le droit de disposer librement de leur vie, qu'aucun ne devrait être exploité, torturé, gardé captif ou contraint de faire quoi que ce soit pour nous servir.

C'est tout.

VERSION DÉVELOPPÉE

C'est en 1970, dans une brochure peu diffusée, que Richard Ryder a créé ce mot (en anglais « speciesism ») par analogie avec les mots « racisme » et « sexisme ».

Le terme a été popularisé par le philosophe utilitariste australien Peter Singer. Dans son ouvrage fondateur *La Libération animale*, celui-ci confirme qu'il doit ce mot à Richard Ryder[1]. Le spécisme est consubstantiel au racisme et au sexisme. Tous trois sont en effet de la même essence ; tout comme le racisme est une discrimination selon la « race » et comme le sexisme est une discrimination selon le sexe, le spécisme est une discrimination selon l'espèce. Au substantif « spécisme » correspond l'adjectif « spéciste ». Ces deux mots entraînant « antispécisme » et « antispéciste ». En France, *Cahiers antispécistes*[2] est une revue fondée en 1991 dont le but est de remettre le spécisme en cause.

---

1 Peter Singer *La Libération animale*. Payot & Rivages, 2012. Note 5, p 429.
2 www.cahiers-antispecistes.org/

On peut distinguer deux faces de l'idéologie spéciste. Je les appellerai : « le spécisme recto » et « le spécisme verso ».

Spécisme recto, l'espèce élue

L'une des manifestations du spécisme crée arbitrairement une frontière distincte entre les humains et les non-humains pour placer les humains infiniment au-dessus de toutes les autres formes de vie. Cette conviction, purement essentialiste, va parfois très loin : j'ai entendu une personne me maintenir que Dieu avait créé l'Univers tout entier pour l'homme. Selon cette croyance, nous serions donc l'espèce élue.

Cette face du spécisme place donc l'humain d'un côté d'une frontière imaginaire et toutes les autres créatures de l'autre. Cette séparation arbitraire range dans le même sac tous les non-humains, des grands singes aux acariens en passant par les limaces, sous le substantif : « animaux ». D'un côté l'humain donc, de l'autre les animaux. C'est aussi simple que cela. D'après l'humain, l'humain est tellement supérieur que comparativement à lui, il n'y a aucune différence notable entre un gorille et un pou. Un peu comme par rapport à la hauteur de la tour Eiffel, il n'y a pas de différence notable entre la taille d'une souris et d'une fourmi. Il se trouve pourtant que, au moins depuis Charles Darwin, on sait que **l'être humain est un animal** comme les autres.

Oui, nous en sommes, des animaux !

Dans le langage courant, nous conservons l'habitude de désigner les autres espèces par le terme : « les animaux ». C'est un automatisme dont nous avons beaucoup de mal à nous défaire. Pourtant, la classification scientifique reconnaît six règnes du vivant :
- Les bactéries.
- Les archées.
- Les protistes.
- Les végétaux.
- Les mycètes.
- Les animaux. <-(Nous sommes là-dedans).

D'une part, nul besoin d'être très convaincant pour affirmer que nous ne sommes ni des bactéries, ni des archées, ni des protistes, ni des végétaux. D'autre part, il est facile de voir que le règne « humain » ne figure pas dans cette liste. Il n'y a pas un règne spécialement pour nous, qui nous isolerait au-dessus de tous. L'hypothétique « propre de l'homme » censé nous distinguer des autres animaux n'existe pas.

Il existe une autre classification qui compte sept règnes ; cependant, elle classe aussi les humains dans les animaux.[3]

Conclusion : **nous sommes bien des animaux**.

Dans la complexité des êtres, des simples virus aux plus évolués, il y a en effet une progression continue, et

---
[3] Une des sources : rebrand.ly/regnes

non une séparation franche laissant supposer que nous sommes d'une essence spéciale et suprême. Nous verrons plus loin qu'en plus rien ne permet vraiment de dire que nous sommes tout en haut de ce continuum d'évolution. Quoi qu'il en soit, entre les humains et les autres espèces, il n'y a aucune différence de nature, il peut seulement y avoir une différence de degré.

La surestimation de l'homme par l'homme, cette estime hypertrophiée qu'il a de lui-même, a reçu plusieurs leçons à travers l'histoire. L'humain pensait qu'il était au centre de l'Univers et que ce dernier tournait autour de lui. Un jour, Copernic, appuyé plus tard par Galilée, a démontré que notre monde tournait autour du Soleil. Nous avons plus tard pris acte que notre étoile, le Soleil, n'est qu'une étoile de taille assez réduite parmi deux cents milliards d'autres étoiles dans notre seule galaxie, la Voie lactée. Et, que non ! Non, encore une fois, le Soleil ne se trouve pas au centre de cette dernière, mais à un endroit tout à fait quelconque de celle-ci, situé approximativement à égale distance du bord et du centre.

Mais ces leçons n'ont guère entamé la solide inclination des hommes à se tenir exagérément en haute estime et ce manque manifeste d'humilité n'est évidemment pas sans conséquence pour les non-humains.

Le spécisme recto est un enfant de l'humanisme, ou du moins d'une de ses faces. L'humanisme est sans doute polymorphe, mais c'est spécialement de sa forme, hélas ! trop répandue d'« Homme-dieu » que je veux parler. Celui-ci en effet comprend deux faces, lui aussi. L'une d'elles ne peut que remporter notre totale adhésion ; celle qui défend les droits de l'homme et qui prêche l'égalité entre eux tous. L'autre donne des fondations au spécisme, car elle place l'humain au centre de tout, lui accordant tous les droits sur tout ce qui l'entoure. Ne rentre en considération que ce qui sert ou dessert les intérêts humains. Même quand nous sommes responsables des pires désastres écologiques, ce sont encore les conséquences pour l'homme qui nous préoccupent. Ce que nous faisons subir aux habitants non-humains de ce monde nous importe seulement si cela a des répercussions pour nous. Il s'agit en fait d'une protection de l'environnement ayant une finalité exclusivement anthropocentrique. Si nous exterminons tous les poissons, nous ne pouvons plus en pêcher, voilà la seule chose qui nous alarme. Voilà l'homme qui se met au centre de tout, qui en est très fier et qui appelle ça l'humanisme !

Afin de contourner l'usage courant des termes « les humains » et « les animaux », j'écrirai souvent « les humains » et les « non-humains », étant entendu que tous sont des animaux. Quand je mettrai le terme « *animal* » en italique, ce sera pour faire comprendre que je l'emploie dans son sens archaïque, malheureusement encore le plus connu actuellement, c'est-à-dire « non-humain ».

Spécisme verso, nos chouchous

La deuxième face du spécisme fait que les égards que nous avons pour certaines créatures sont différents de ceux que nous avons pour d'autres, du seul fait qu'elles n'appartiennent pas à la même espèce. Nous avons des chouchous ! Par exemple, en France, notre société a arbitrairement admis que les chiens et les chats sont des non-humains de compagnie et, qu'à ce titre, ils méritent toutes les considérations.

Prenons l'exemple de Mme et M. Untel qui sont des Français ordinaires. Nous imaginons aisément combien ils seraient scandalisés d'apprendre que leur voisin a égorgé son chien pour en faire du boudin, du saucisson et autres préparations destinées à être mangées. En seraient-ils aussi émus s'il s'agissait d'un cochon ?

Mme et M. Untel ont des têtes empaillées de chamois, de bouquetins, de cerfs ou autres créatures accrochées à des murs. Ils n'en sont pas peu fiers. Ces braves personnes seraient pourtant les premières à hurler à l'horreur si vous les invitiez chez vous pour leur montrer une collection de têtes de chiens et de chats sur vos propres murs. Ils vous considéreraient comme un sinistre fou qu'il faut enfermer de toute urgence.

Pour Mme et M. Untel, les chats et les chiens sont des chouchous qui méritent bons soins et caresses tandis que d'autres espèces n'ont droit qu'à des coups de fourchette ou de fusil. Si vous leur demandez comment cela se fait, ils seront bien embêtés pour vous répondre, car ils ne le savent pas. Ils ne se sont jamais posé cette question. Pour eux, c'est comme ça, c'est tout.

Mme et M. Untel Untelchang sont Chinois. Il n'y a pour eux rien de plus normal que de manger des chiens.

Cette face du spécisme varie selon les cultures.

Dans les images révélées par l'association L214 en mai 2016, l'employé de l'abattoir de Pézenas qui « pour s'amuser » a crevé l'œil d'un mouton avec un couteau a simplement été écarté de la chaîne d'abattage. C'est tout.

Le 3 février 2014, « Farid de la Morlette » a brutalisé un chat en le lançant plusieurs fois en l'air. Il a été condamné à un an de prison ferme par le tribunal correctionnel de Marseille pour « actes de cruauté envers un animal domestique ou apprivoisé ».

Dans le premier cas : un mouton, dans le deuxième : un chat. Rien d'autre n'explique la différence entre les deux sanctions.

Le spécisme dans notre langue

• Cette personne est bête = elle est stupide comme tous ces êtres qui n'appartiennent pas à l'espèce élue. Entraîne l'adverbe « bêtement ».

• Agir bêtement = Agir comme un crétin, pas avec l'intelligence d'un humain. Dire ou faire des bêtises…

• Se comporter avec bestialité = Se comporter avec brutalité et férocité comme tous ces êtres qui ne sont pas de notre espèce.

• Adjectif : « Inhumain » = avoir les caractéristiques morales horribles de ceux qui ne sont pas des humains.

• Adjectif : « Humain » = Whaaaa ! Le top ! La cime ! Ce qui se fait de mieux…

Pour les humains, « être humain » veut dire : être quelqu'un de bien, tout simplement (et sans fausse modestie, on l'aura remarqué). Exemple : « Faire le bien avec une touchante humanité. » Pour les mêmes humains, « Bestialité » veut dire : « Se comporter comme une bête. » C'est-à-dire avec beaucoup de cruauté. Exemple : « Un meurtre commis avec bestialité. »

Sois mignon ou crève !

Je classe ce que je vais appeler « l'effet mignon » dans le spécisme parce qu'il a une influence sur nos préférences. Si un non-humain a la chance d'avoir un aspect physique que nous jugeons mignon ou beau, il a plus de chances de faire partie de nos chouchous. Pas toujours, mais ça aide. Ainsi, si les lapins sont la plupart du temps ingérés par nous ou torturés, entre autres, dans les laboratoires de vivisection, il peut advenir que certains soient câlinés. C'est mignon un petit lapinou ! Une dinde en revanche, ça ne mérite que de grossir le plus vite possible, dans le moins de place possible, pour se faire bouffer le plus vite possible. Il faut dire qu'elles ne font guère d'effort pour être mignonnes, avec leur espèce de bazar rouge qui pendouille.

Antispécisme

Pour l'antispécisme, l'infinie différence imaginaire de nature entre les humains et les autres espèces n'existe pas ; elle est remplacée par un continuum de degrés de complexité entre toutes les espèces.

Ajoutons qu'une espèce n'est qu'une catégorie parmi d'autres qui regroupe des individus selon certains critères arbitrairement choisis, par exemple l'interfécondité. Ce critère est d'ailleurs peu fiable puisque le lion et le tigre, considérés comme des espèces différentes, sont interféconds, ainsi que l'âne et le cheval. La notion d'espèce est un concept humain sans valeur en lui-même. Il s'agit de quelque chose qui n'existe que dans notre esprit. Une espèce n'éprouve rien, ni désir, ni peur, ni la souffrance… Seuls les individus sont véritablement vivants indépendamment de l'étiquette espèce que nous collons sur eux.

L'antispécisme considère-t-il que toutes les vies, quelle que soit l'espèce, se valent ? Bien sûr que non ! Il suffit de pousser l'idée à l'excès pour se rendre immédiatement compte qu'elle est insane : la vie d'un pou ne peut pas avoir la même valeur que celle d'un humain.

L'antispécisme ne le prétend pas. L'antispécisme ne nie pas les différences entre les espèces, pas plus que l'antisexisme ne nie qu'il y a des différences entre une femme et un homme. Il nie seulement que ces différences puissent être discriminatoires.

Prétend-il alors que toutes les espèces ont les mêmes droits ? Non. NON ! Toujours pas ! Là encore, il suffit de considérer quelques exemples pour se rendre compte que cette idée est complètement absurde. Qu'est-ce qu'un escargot ou une girafe ferait du droit de conduire ? Une taupe du droit de voler ? Et tous les trois du droit de vote ou d'avoir un compte en banque ? Déjà entre êtres humains, nous n'avons pas tous les mêmes droits pour la simple raison que nous n'avons pas les mêmes besoins. Personne n'a jugé utile de donner aux hommes le droit d'avorter.

L'antispécisme est un antiracisme agrandi. Il ne réclame qu'une seule chose : l'égalité de considération des intérêts propres à chaque individu de chaque espèce. Tous les êtres de toutes les espèces ont un certain nombre d'intérêts en commun : celui de vivre libre, celui de ne pas souffrir, celui de disposer à leur guise de leur propre corps et de toute leur existence. Pour tout dire, celui de ne pas être tué, torturé, emprisonné ou exploité. Ensuite, chaque espèce a ses propres aspirations, celui de gratter le sol à la recherche de nourriture pour une poule, celui de lézarder au soleil pour un lézard…

Oui, mais alors, comment gérer le droit de la gazelle à disposer de sa vie et celui du lion à la manger pour qu'il puisse bénéficier de la sienne ?

Certains antispécistes sont interventionnistes ; c'est-à-dire qu'ils souhaiteraient trouver des solutions pour éliminer les souffrances dues à la prédation de toutes les espèces. Bien que leurs arguments m'aient convaincu, dans cet ouvrage je préfère parler des maux dont nous sommes directement responsables, nous les humains. Car, avant de se préoccuper du mal fait par d'autres, il me semble plus facile et plus urgent de ne plus faire de mal soi-même. Pour cela, en effet, il suffit de cesser notre propre prédation ; comme nous sommes les seuls capables de le faire, nous avons tout lieu de nous en féliciter et d'en être fiers. Pour résumer : étant les seuls à avoir le choix, nous sommes aussi les seuls à avoir cette responsabilité morale.

Petite histoire spéciste et schizophrène

Les Untel sont de braves gens qui aiment sincèrement les *animaux* ; leur chien Médor ne manque pas d'affection ! Pour faire un cadeau à leur fille, ils ont acheté un joli lapin de compagnie dans une animalerie. La fillette est ravie ! Mme et M. Untel sont très attendris eux aussi devant cette jolie boule de poils très douce que l'enfant a baptisée Lapinou.

Au repas du soir, la famille a mangé du lapin à la moutarde. Le mort, dans la barquette pelliculée achetée au supermarché, et l'adorable compagnon qui dresse ses grandes oreilles en fronçant son petit nez se ressemblent si peu qu'il est très difficile de faire un lien entre eux. À la télévision, c'est l'heure des informations. Un reportage parle d'une certaine Mary Bale[4] qui est devenue l'ennemie publique numéro un parce qu'elle a enfermé un chat dans une poubelle. Les Untel sont scandalisés ! Comment peut-on être aussi cruel ? s'exclament-ils à l'unisson. Un groupe Facebook a été ouvert pour la retrouver. Il compte des dizaines de milliers de membres dont certains disent qu'il faut la jeter elle aussi dans une poubelle, d'autres veulent même sa mort. Les Untel pensent que cette haine publique n'est que ce que mérite une personne qui traite les *animaux* ainsi. Quand la télévision change de sujet, M. Untel demande à sa femme si elle a pensé à réserver des billets pour la corrida. Elle le rassure : « Oui, c'est fait. » Ils sont contents. Ils aiment beaucoup la corrida, tous les deux.

Après le repas, c'est avec de la chair de lapin dans l'estomac que la petite fille caresse Lapinou avec une touchante tendresse. Elle aimerait rester un peu plus longtemps en compagnie de son animal-jouet, mais il est l'heure d'aller se coucher. Papa Untel la porte dans ses bras jusqu'au lit et lui donne son doudou, qui s'appelle tout simplement Doudou. C'est un petit lapin en poils

---

4 goo.gl/og3WK6

de véritable lapin. La petite fille ne sait pas que cette jolie peluche, si douce, est recouverte d'une partie du cadavre d'un lapin qui fut aussi vrai que Lapinou. Avant de servir à recouvrir une peluche, le défunt animal « travaillait » dans un centre d'expérimentation animale. Il avait servi la connaissance humaine en permettant de savoir en combien de temps le white spirit détruisait ses yeux[5]. Les gentils câlins de la petite fille l'eussent peut-être un peu réconforté de sa cécité et des affreuses démangeaisons qu'il avait dû supporter dans son carcan, mais la seule peau qui restait de lui n'était pas en mesure de les apprécier. De partie d'un être qu'elle fut, elle n'était plus que partie d'un objet. Le reste du corps de ce martyr de la « science » avait servi à faire de la pâtée pour chien ou chat. Qui sait ? Peut-être que Médor en avait mangé. Je ne saurais vous dire si ce lapin eut trouvé son infortune dulcifiée en apprenant combien il avait été utile à l'espèce humaine. Peut-être se serait-il senti un peu de la famille en étant tout à la fois sur la peluche de l'enfant et dans le ventre de Médor.

Pour que l'enfant s'endorme, M. Untel raconte à la fillette l'histoire des trois petits cochons et du méchant loup qui veut les manger.

— Méchant loup ! s'exclame l'enfant.

— Oui ! Il est méchant le loup. Il veut manger les petits cochons, confirme le papa en caressant affectueusement l'enfant qui s'endort.

---

5 Se renseigner sur le « test de Draize ».

Puis il ferme doucement la porte de la chambre de sa fille et va se préparer un sandwich au jambon pour manger au travail le lendemain. Il aime le jambon, M. Untel.

Lapinou, qui le regarde depuis l'intérieur de sa cage, ne sait ni ce qu'est un petit cochon, ni un méchant loup, ni le jambon. Pour lui, le monde se limite à la surface de sa cage et à ce qu'il voit derrière les barreaux.

Pour en savoir plus,
un livre gratuit en numérique :
rebrand.ly/vpln

*

Un jour, nous abolirons l'esclavage des personnes non humaines, comme nous avons (officiellement) aboli celui de nos congénères.
Quelque chose de merveilleux se produira alors.
Pour la première fois, une espèce abandonnera volontairement son pouvoir de prédation pour être moralement plus belle.
Pour la première fois, une espèce dominante fera ce qui est juste, plutôt que ce que permet la loi du plus fort.

Celles et ceux qui combattent pour cet avènement auront participé à l'anoblissement moral de l'humanité.

*

Index

Animaux..15
Antispécisme..21
Archées..15
Bactéries..15
Cahiers antispécistes.............................13
Charles Darwin....................................14
L'être humain est un animal...............14
La Libération animale.........................13
Mycètes...15
Peter Singer..13
Propre de l'homme...............................15
Protistes..15
Règnes du vivant..................................15
Richard Ryder......................................13
Spécisme dans notre langue................19
Végétaux...15